돼지학교에 오신 것을 환영합니다!

백명식 글·그림

강화에서 태어나 서양화를 전공했습니다. 출판사 편집장을 지냈으며, 다양한 분야의 책과 사보, 잡지 등에 그림을 그리고 있습니다. 특히 어린이들이 좋아하는 책을 쓰고 그릴 때 가장 행복하다고 합니다. 그린 책으로는《WHAT 왓? 자연과학편》《책 읽는 도깨비》《자연을 먹어요 시리즈》등이 있으며, 쓰고 그린 책으로는《인체과학 그림책 시리즈》《맛깔나는 책 시리즈》《저학년 스팀 스쿨 시리즈》등이 있습니다. 소년한국일보 우수도서 일러스트상, 중앙광고대상, 서울일러스트상을 받았습니다.

곽영직 감수

서울대학교 물리학과와 미국 켄터키대학교 대학원에서 공부했습니다. 저서로는《곽영직의 과학캠프》《교양 과학 고전》등이 있으며, 어린이를 위한 과학 그림책인《더더더 작게 쪼개면 원자!》《데굴데굴 공을 밀어 봐》등이 있습니다.《빅뱅》《신성한 기하학》등을 우리말로 옮겼고,《니코의 양자 세계 어드벤처》《어린이 과학 형사대 CSI》《공기를 타고 달리는 소리》등 많은 책을 감수했습니다. 현재 수원대학교 물리학과 교수로 재직하고 있습니다.

구름을 뚫고 나간 돼지

백명식 글·그림 | 곽영직 감수

초판 인쇄일 2014년 1월 10일 | **1판 3쇄** 2023년 3월 27일
펴낸이 조기룡 | **펴낸곳** 내인생의책 | **등록번호** 제10호-2315호
주소 서울시 서초구 나루터로 70, 엠피스센터 212-1호(잠원동, 영서빌딩)
전화 (02)335-0449, 335-0445(편집) | **팩스** (02)6499-1165
전자우편 bookinmylife@naver.com | **홈카페** http://cafe.naver.com/thebookinmylife
편집 우석영 이다겸 | **디자인** 안나영 김지혜 | **마케팅** 이영섭 | **경영지원** 조하늘

ISBN 978-89-97980-76-5 74080
ISBN 978-89-97980-45-1 (세트)

ⓒ 백명식, 2014

책값은 뒤표지에 있습니다.
잘못된 책은 구입처에서 바꾸어 드립니다.

이 도서의 국립중앙도서관 출판시도서목록(CIP)은 e-CIP홈페이지(http://www.nl.go.kr/ecip)와
국가자료공동목록시스템(http://www.nl.go.kr/kolisnet)에서 이용하실 수 있습니다. (CIP제어번호: 2014000601)

어린이제품안전특별법에 의한 제품 표시
제조자명 내인생의책 | **제조년월** 2016년 8월 | **제조국** 대한민국 | **사용연령** 8세 이상 어린이 제품
주소 및 연락처 서울시 영등포구 당산로41길 11 SKV1 Center W동 1801호 02)335-0449

돼지 학교 과학 8

구름을 뚫고 나간 돼지

날씨와 기후 변화

백명식 글·그림 | 곽영직 감수

내인생의책

고기를 잡으러 바다로 갈까요 ♪
고기를 잡으러 강으로 갈까요 ♪

신 나게 노래를 부르며
돼지 삼총사가 계곡으로 물놀이를 가고 있어.
한 손에는 튜브와 오리발을 들고
다른 한 손에는 도시락을 들었어.
"아휴, 더워."
삼총사 이마에 땀이 송골송골.
볼이 발그레 익은 삼총사는 연신 땀을 닦느라 바빴어.

산길 옆에서 청개구리들이 크게 울며 떼를 지어 이동하고 있었어.
"청개구리 떼가 어디로 가는 걸까?"
데이지가 친구들에게 물었어.
하지만 물놀이 생각으로 마음이 급한 삼총사는
데이지의 질문엔 아랑곳하지 않고 서둘러 계곡으로 향했어.
그때 산지기 아저씨가 오더니 말씀하셨어.
"큰비가 내릴 것 같으니 어서들 집으로 돌아가렴."
산지기 아저씨가 말리는 바람에 할 수 없이 삼총사는 산을 내려왔어.

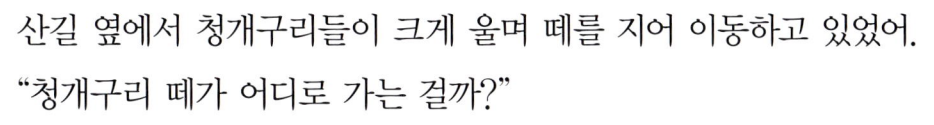

쥐가 배에서 뛰어내리면

이런 조짐이 보이면 비가 올 확률이 크다고 해.

아저씨, 날씨 좋은 날에 다시 올게요.

꿀꿀~ 더 알아보기

옛날엔 어떻게 날씨를 알았을까?

옛날 사람들은 주변에서 일어나는 자연의 변화를 보고 날씨를 예측했어요. 청개구리나 개미가 떼 지어 이동하면 큰비가 오고, 귀뚜라미가 큰 소리로 노래를 부르면 날씨가 아주 더워진다고 해요.

박사님은 비에 홀딱 젖은 삼총사의 몸을 일일이 수건으로 닦아 주셨어.
"박사님, 비를 멈출 수 있는 방법이 없을까요?
이번 여름에 물놀이를 한 번도 못 했단 말이에요."
꾸리가 투덜대며 말했어.
"허허. 날씨를 바꿔 달라고? 이거 참."
박사님은 기가 차다는 듯 헛웃음을 치셨어.
참, 억지도 이런 억지가 없지?
아무리 세상에서 제일 똑똑하다는 박사님이라도
어떻게 날씨를 바꿀 수 있겠어?

꿀꿀 더 알아보기

날씨와 기후

날씨는 덥거나 비가 오는 것과 같은 자연 현상을 말해요.
다른 말로 '일기'라고도 해요.
날씨와 기후는 조금 달라요.
한 지역의 날씨를 살펴보면 일정 기간 일정한 모습을 띠고 있어요.
이렇게 한 지역에서 여러 해에 걸쳐 나타나는 날씨를 모아 평균을 낸 것을 '기후'라고 해요. 우리나라 기후의 특징은 사계절의 변화가 뚜렷하다는 것이지요.

"박사님, 계세요?"
구들이 아저씨가 오셨어.
구들이 아저씨는 박사님을 보자마자 한숨을 푹 쉬며 울먹이기 시작하셨어.
심각한 일이 벌어졌나 봐.
"진정하고 차근차근 말해 봐요."
박사님이 물 한 잔을 건네자 아저씨가 사정을 털어놓았어.
구들이 아저씨는 수목원에서 일하는 나무 지킴이야.
그런데 올해 계속되는 이상 기후로 나무들이 죽어 가는 통에
곧 직장도 잃고 거리로 나앉을 처지가 되셨대.

공기와 물이 합쳐져 날씨를 만들어.

꿀꿀 더 알아보기

날씨는 왜 변할까?

날씨는 태양의 영향을 받아요.
태양 에너지를 많이 받아
따뜻해진 공기가
찬 공기가 있는 곳으로
움직이면서 바람이 생겨요.
태양 에너지를 받으면
바다와 육지의 온도도 높아져요.
그러면 바닷물이나 강물이
수증기로 변해요.
이 수증기가 구름이 되어
눈과 비를 만들지요.

구들이 아저씨의 얘기를 듣고 박사님도 한숨을 내쉬셨어.

"구들이 아저씨를 위해 날씨가 어떻게 변할지 미리 알아보자꾸나. 우선 지구의 대기권으로 올라가 구름의 상태를 알아보자."

"와! 박사님, 저희도 데려가 주실 거죠?"

박사님의 말씀에 도니가 들뜬 목소리로 물었어.

"그럼."

박사님이 대답하셨어.

"날씨를 미리 알고 대비하면 나무들의 피해도 많이 줄일 수 있을 거예요."

아저씨가 밝아진 표정으로 박사님께 말씀하셨어.

지구는 흡수한 태양 에너지와 같은 양의 에너지를 적외선으로 내보내. 그래서 지구의 온도를 항상 일정하게 유지할 수가 있어.

지구에 생명체가 살 수 있는 것은 대기 덕분이야..

꿀꿀ㄹ 더 알아보기

대기의 역할

대기는 지구의 체온을 적절하게 유지해 줘요. 태양 에너지는 대기를 통과해 지구 표면에 도달해요. 이때 대기는 태양 에너지를 모두 통과시키지 않아요. 그랬다간 지구가 너무 뜨거워져서 아무것도 살지 못할 테니까요. 대기는 태양 에너지의 20퍼센트는 흡수하고 30퍼센트는 우주로 반사하고, 나머지 50퍼센트만 지표에 닿게 해요.

"달에는 아무런 생명체도 살지 않는다는 것쯤은 알고 있겠지?"
연구실에 있는 커다란 달 사진을 보며 박사님이 말씀하셨어.
"왜 생명체가 살지 않아요?" 데이지가 물었어.
"그것도 몰라? 달에는 공기가 없기 때문에 생명체가 살 수 없어.
공기 속에 산소가 있거든."
꾸리가 잘난 척하며 말했어.
"달은 낮에는 온도가 너무 높고 밤에는 너무 낮단다. 하지만 무엇보다도
꾸리 말대로 공기가 없기 때문에 생물체가 살 수 없는 것이란다."
"아, 대기 속에 있는 공기 말인가요?"
"그렇단다. 대기는 지구의 기후 변화에 아주 큰 영향을 주지."
데이지의 물음에 박사님이 친절히 알려 주셨어.

꿀꿀˸ 더 알아보기

왜 지구에만 생명체가 살까?
지구에 생명체가 살 수 있는 것은
지구가 태양과 적당한 거리에
있기 때문이에요.
태양과 너무 가까이 있으면 뜨겁고,
너무 멀리 떨어져 있으면 춥겠지요?

하강기류

드디어 연필호가 붕 떠올랐어.
"와! 출발이다."
집과 산들이 점점 멀어지더니 어느새 보이지 않고
하얀 구름만이 손에 잡힐 듯 말 듯 했어.
"점점 더 추워지는 거 같아요."
"땅에서 높이 올라갈수록 춥단다."
덜덜 떠는 데이지를 보며
박사님은 연필호의 열 가동 장치를 작동했어.
그러자 연필호 안이 훈훈해졌어.

꿀꿀 더 알아보기

대류 현상이란?

지표면에서 11킬로미터 높이까지를
'대류권'이라고 불러요.
이곳에선 위로 올라갈수록 온도가 낮아져요.
지표와 가까운 아래쪽은
지표의 열 때문에 공기가 뜨겁고
위쪽은 열이 전달되지 않아 차가워요.
이때 '대류 현상'이 일어나지요.
대류란 따뜻해진 공기는 위로,
차가운 공기는 아래로 움직이는 현상이에요.
대류를 통해 공기가 섞이면서
여러 가지 날씨 변화가 생긴답니다.

우르릉, 쾅쾅!
연필호가 구름 높이만큼 올라왔을 때
갑자기 번개와 함께 천둥이 쳤어.
구름에서 굵은 빗줄기가 떨어지기 시작했어.
연필호는 거센 비바람에 중심을 잃고 휘청거렸어.
모두들 겁에 질려 눈이 동그래졌어.
"모두 안전띠를 꼭 매고 있어라."
박사님이 소리치셨어.
그때였어.
"아이쿠!"
안전띠를 매지 않은 데이지가 그만
바닥으로 나동그라졌어.

한참 만에 데이지가 정신을 차렸어.
데이지가 깨어나자 모두들 안심이 되었어.
"항상 탈것을 탈 때는 안전띠 매는 것을 잊지 마시길!"
도니가 말했어.
성층권에 들어오자 연필호도 흔들리지 않고 밖은 조용했어.
박사님은 한참 동안 모니터를 뚫어지게 바라보고 계셨어.
"박사님, 왜 그러세요? 무슨 일이라도 일어났나요?"
꾸리가 불안한 표정으로 박사님에게 물었어.
"여기 붉은색 화살표 보이지? 오존층에 난 구멍이란다."
박사님 말씀에 모두 모니터로 모여들었어.
프레온 가스가 오존층을 얇게 해 구멍이 난대.

꿀꿀 더 알아보기

오존층의 역할

대기권 오존의 90퍼센트가 오존층에 있어요. 오존층은 태양 광선에 포함된 유해 자외선을 흡수해 지구의 생물체를 보호한답니다. 만약 오존층이 없다면 자외선이 그대로 지구에 닿아 동식물이 죽고 말 거예요. 그런데 환경 오염으로 인해 오존층 여기저기에 구멍이 나고 있대요.

바람에 날려 연필호가 떨어진 곳은 어느 바닷가였어.
다행히 모래 위였어. 자갈밭이었으면 아마 연필호는 부서져 버렸을 거야.
"박사님, 여기가 어디예요?"
데이지가 물었어.
"위성위치확인시스템(GPS)을 보니 적도 부근이구나."
바람이 순식간에 연필호를 태평양 적도 부근의 어느 섬으로 데려간 거야.
사방은 조용했어. 구름 아래로 푸른 바다와 야자나무 섬이 보였어.
"와, 물이 정말 맑아. 여기서 물놀이하면 좋겠다."
꾸리가 신이 난 목소리로 말했어.
하지만 평화도 잠시였어.
"저기 커다란 소용돌이가 이쪽으로 오고 있어요!"
도니가 놀라서 소리쳤어.
어마어마한 회오리바람이 다가오고 있었어.

저쪽에서 소용돌이가 일고 있어!

바람이 안 불어.

돼지 삼총사는 서서히 안정을 찾았어.
"태풍은 정말 싫어요."
"무서워 죽는 줄 알았어요."
데이지와 꾸리가 고개를 절레절레 흔들며 말했어.
"하지만 태풍이 나쁜 것만은 아니란다."
태풍 때문에 죽을 뻔했는데 박사님은 태풍 편을 들며 말씀하셨어.
"흥, 아무리 그래도 싫어요."
데이지가 눈물이 범벅이 되어 말했어.
"박사님, 어서 가서 태풍이 우리나라 쪽으로 몰려오고
있다는 것을 아저씨에게 얘기해 줘야겠어요."
도니가 말했어.

꿀꿀ᔕ 더 알아보기

태풍의 역할

태풍은 원자 폭탄의 1만 배나
되는 힘이 있어요.
농작물과 사람에게 큰 피해를 입히지요.
하지만 태풍이 나쁜 것만은 아니에요.
태풍은 적도 부근에 모인 태양열을
극지방으로 보내요.
태풍이 없다면 극지방은 더 추워지고
적도 부근은 더 더워질 거예요.
태풍은 바닷물을 휘저어
물속에 산소가 잘 녹게 해요.
산소 덕분에 물고기가 살 수 있는 거예요.

땅으로 내려온 삼총사는 구들이 아저씨를 찾아갔어.
태풍이 오고 있다는 걸 미리 알려 주면
나무들을 보호할 수 있을 테니까.
"아저씨, 지금 어마어마한 태풍이 몰려오고 있어요."
데이지가 말했지만 아저씨는 믿지 않는 표정이야.
그도 그럴 것이 하늘이 구름 한 점 없이 맑았거든.
그때 마침 박사님한테서 전화가 왔어.
박사님과 통화한 아저씨는 금세 표정이 굳어지셨어.
"빨리 대비를 해야겠군요."
수화기에 대고 아저씨가 말씀하셨어.
아저씨는 서둘러 수목원으로 돌아가셨어.
"흥, 우리 얘긴 안 믿으시고선."
데이지가 투덜거렸어.

흠, 박사님 말씀만 믿으시네.

태풍이 하는 좋은 일
1. 바닷물을 섞어 깨끗하게 해.
2. 물 부족 현상을 해소해.
3. 지구의 온도를 적절하게 조절해 줘.

다음 날 태풍이 몰려온다는 소식에 데이지는 집에 있었어.
"아이, 심심해."
데이지가 입을 크게 벌려 하품을 했어.
그때 전화벨이 울렸어.
따르릉.
"안녕, 수미야!"
얼마 전 호주로 이사 간 친구 수미였어.
"좋겠다. 거긴 덥지도 않고 장마도 없겠네?"
"뭐가 좋니? 여긴 크리스마스가 여름이라서 루돌프도 산타 할아버지도 안 와."
수화기에서 수미가 투덜대는 소리가 들렸어.

"거긴 겨울이야?"

"응, 데이지 여기는 겨울이야."

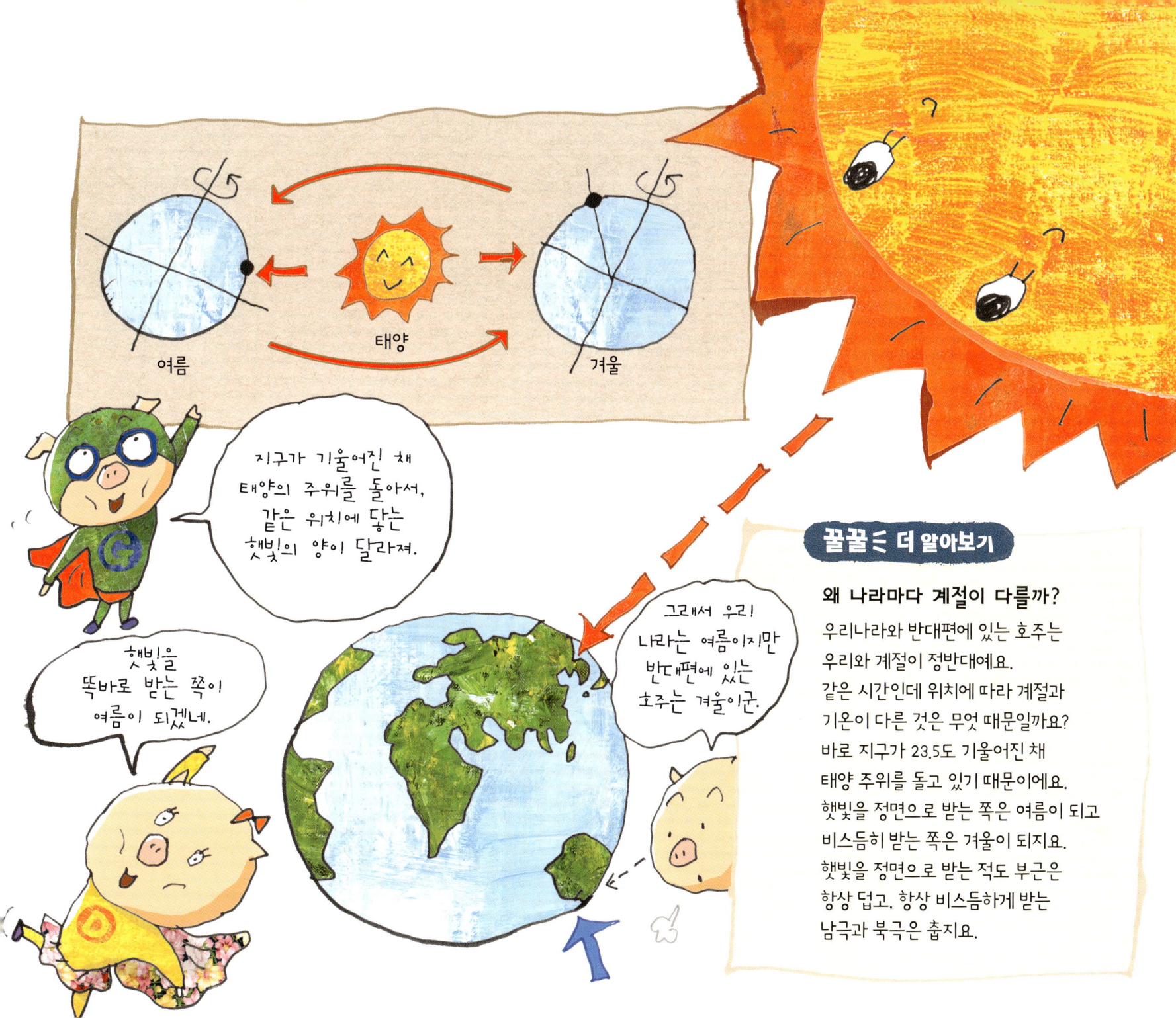

꿀꿀ᔆ 더 알아보기

왜 나라마다 계절이 다를까?

우리나라와 반대편에 있는 호주는 우리와 계절이 정반대예요. 같은 시간인데 위치에 따라 계절과 기온이 다른 것은 무엇 때문일까요? 바로 지구가 23.5도 기울어진 채 태양 주위를 돌고 있기 때문이에요. 햇빛을 정면으로 받는 쪽은 여름이 되고 비스듬히 받는 쪽은 겨울이 되지요. 햇빛을 정면으로 받는 적도 부근은 항상 덥고, 항상 비스듬하게 받는 남극과 북극은 춥지요.

박사님 연구실로 삼총사와 구들이 아저씨까지 모두 모였어.
모두 텔레비전 앞에 모여 앉았어.
다들 걱정스러운 마음이었지만 구들이 아저씨가 제일 걱정이 많았어.
아무리 준비를 철저히 한다 해도 태풍이 불면
수목원의 나무들이 무사하지 못하니까.
구들이 아저씨는 기도하듯 두 손을 꼭 모으고 있었어.
"속보입니다. 다행히 태풍이 방향을 바꿨습니다."
기상 캐스터의 말이 끝나자마자 아저씨의 표정이 환해졌어.

텔레비전에는 이상 기후로 망가진
세계 여러 곳의 모습이 비치고 있었어.
유럽에서는 백 년 만의 폭염으로
수백 명이 죽었다고 하고, 태국에서는
물난리로 수도까지 잠겼다고 나오고 있었어.
잠자코 함께 보고 있던 데이지가
박사님을 바라보며 물었어.
"왜 기후가 자꾸 이상해지는 건가요?"
"가장 큰 이유는 환경 오염 때문이지."
박사님은 한숨을 내쉬셨어.

꿀꿀ミ 더 알아보기

온실가스를 줄이려면
1. 에너지 절약 조명을 사용해요.
2. 가까운 거리는 걸어다녀요.
3. 재사용, 재활용을 해요.
4. 겨울에는 내복을 입고 여름에는 에어컨 대신 부채를 사용해요.
5. 나무를 많이 심어요.
6. 쓰레기를 줄여요.

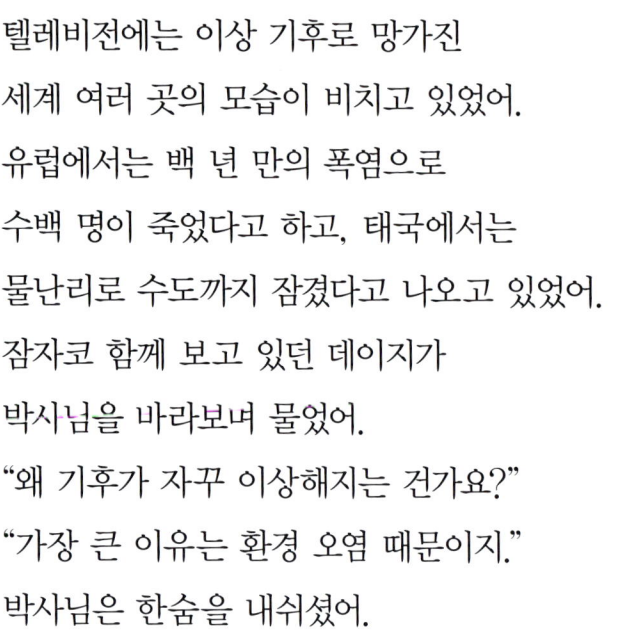

"환경 오염으로 지구 온난화가 생긴단다."

"작은 실천으로 깨끗한 지구를 만들자."

"예방이 최고!"

"온실가스의 증가로 북극의 빙하와 히말라야의 눈이 녹고 있대."

지구 기후의 역사를 보기 위해
삼총사는 박사님과 자연사 박물관에 놀러 갔어.
박물관에는 거대한 공룡 화석들이 여기저기 있었어.
"공룡이 사라진 이유도 날씨 때문이라고 하셨죠?"
"그래. 갑작스러운 날씨의 변화도
멸종 원인 중의 하나로 꼽힌단다."
"지구의 기후가 또 변할 수도 있나요?"
"그렇단다. 빙하기가 또 올 수도 있지."
데이지와 박사님의 대화를 듣고 있던
꾸리가 울먹이며 말했어.
"공룡처럼 화석이 되고 싶지 않아요!"

돼지 화석이 되긴 싫어.

꿀꿀 더 알아보기

지구 기후의 변화

지구 표면의 모습과 함께
지구의 기후도 크게 변했어요.
불덩이같이 뜨거웠다가 따뜻해졌다가
차가운 빙하기를 맞았다가
건조한 사막이었다가 다시 따뜻해졌어요.
기후가 변할 때마다
공룡과 같은 새로운 동물과 식물이
생겼다가 사라지기를 반복했어요.
지구는 지금 이 순간에도 변하고 있고,
기후도 서서히 변화하고 있답니다.

태풍이 비껴간 하늘은 파랬어.
구들이 아저씨의 나무들이 무사해서 다행이야.
드문드문 떠다니는 하얀 구름 사이로 해가 방긋방긋 웃고
바람은 살랑거리며 나뭇가지를 간질이고 있어.
오늘의 날씨는 기분 좋은 맑음,
일기도 기호는 스마일이야.

용감한 돼지 삼총사와 떠나는 창의적 융합과학 교과서

돼지학교 과학

돼지학교 시리즈는 초등 과학의 4가지 영역인 생명, 지구와 우주, 물질, 운동과 에너지 분야를 재미있는 이야기를 통해 아이들 스스로 과학적 지식을 익힐 수 있게 구성된 과학 책입니다. 돼지 삼총사와 함께 떠나는 신 나는 과학 여행! 그 속에서 여러 가지 미션을 수행하며 자연스럽게 창의적 문제 해결력을 키울 수 있습니다.

돼지학교 과학

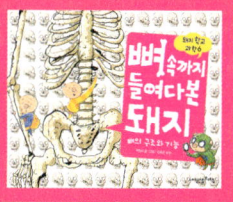

돼지학교 과학 9
씨앗 속으로 들어간 돼지
식물

돼지학교 과학 10
곤충 몸속으로 들어간 돼지
곤충

돼지학교 과학 11
자동차 속으로 들어간 돼지
교통과학

돼지학교 과학 12
갯벌에 빠진 돼지
갯벌

돼지학교 과학 13
미생물을 연구하는 돼지
미생물

돼지학교 과학 14
땅속으로 들어간 돼지
지층과 화석

돼지학교 과학 15
열 받은 돼지
핵과 에너지

돼지학교 과학 16
로켓을 탄 돼지
로켓과 탐사선

돼지학교 과학 17
알을 탐험하는 돼지
알과 껍데기

돼지학교 과학 18
바다로 들어간 돼지
고래

돼지학교 과학 19
마법 부리는 돼지
산과 염기

돼지학교 과학 20
로봇 속으로 들어간 돼지
로봇